AUX VILLES DE FRANCE

30 & 32, Rue Pavillon

GRANDE MANUFACTURE DE VÊTEMENTS CONFECTIONNÉS POUR HOMMES & ENFANTS

Maison vendant meilleur marché que partout ailleurs, à qualités égales

CHOIX IMMENSE

Dans les Vêtements de toutes sortes

N. B. — Bien lire l'adresse avant d'entrer

AUX VILLES DE FRANCE

TO THE FRANCE'S TOWNS

30 and 32, Pavillon street

Great manufacture of clothes made for men and children. House selling cheaper than anywhere and with equals qualities.

Great choice in clothes of all kind.

P. S. — To read well the adress before coming :

Tho the France's towns

En vente chez tous les Libraires : UN TURC, vaudeville en 1 acte, par MM. Théodore Henry et J. Marseille.

NOUVELLE LIGNE DES CHEMINS DE FER FRANCO-ITALIENS

LA ROUTE DE LA CORNICHE

OU

LA RIVIÈRE DE GÊNES

EN CHEMIN DE FER

NOUVEL ITINÉRAIRE

De Marseille à Nice, Monaco, Menton, Savone et Gênes

I. — DE MARSEILLE A NICE

En wagon ! en wagon ! courons à toute vapeur à travers ce beau pays de Provence pour arriver à Nice, aux nouvelles lignes de chemins de fer.

Arrêtons-nous seulement une minute dans les trente-six stations séparant Marseille de Nice afin de prendre note, à vol d'oiseau, du charmant paysage qui s'étale sous nos yeux.

Rien ne saurait donner une idée plus exacte du pays que cette description par un infatigable touriste, Charles Habeneck.

« Cette côte de Provence, dit-il, est merveilleusement ciselée de golfes et de baies où la mer bleue et frangée d'argent vient jouer sur un sable d'or entre des rochers aux teintes multicolores. Chacune de ces pénétrations réciproques de la terre et de l'eau semble, grâce au train qui vous emporte de Marseille, être une salle d'un gigantesque palais. Aubagne, La Ciotat, Cassis, Toulon, Fréjus, Agay, La Napoule, Cannes, Antibes, quelle série de décors splendides. Les Provençaux ont bien raison de dire que c'est le plus beau pays du monde.

Il y a quatre ou cinq ans cette côte n'était pas encore tout à fait à la mode. La foule cosmopolite et désœuvrée des poitrinaires, des diplomates, des joueurs et des filles n'avait pas encore inondé cet heureux coin de terre, construit ces hôtels-casernes, ces châlets grotesques dont il est maintenant émaillé. On pouvait trouver facilement cette solitude qui ajoute encore à la sincérité et à la vivacité des impressions. La nature a des virginités et des pudeurs.

Le golfe de Fréjus, entre autres, a une majesté particulière. Au fond d'un grand cirque de montagnes, une plaine ; au milieu de cette plaine, Fréjus, *Forum Julii*, la vieille ville romaine avec ses pins parasol, plus beaux que ceux de la villa Borghèse, à Rome. A droite, les montagnes se continuant, forment la chaîne des Maures, dont les pentes boisées s'étendent à cinq ou six lieues, jusqu'au cap Camarat. A gauche, la chaîne de l'Estérel, aux formes étranges et dénudées, se prolongeant jusqu'au cap des Iles-d'Or. Enfin, au milieu de ce gigantesque entonnoir, la mer où court quelque voile blanche gonflée par la brise qui vous arrive fraîche et lumineuse.

Passons aux détails, maintenant. Ce ruban argenté, dont les méandres s'aperçoivent à travers les arbres, c'est l'Argens, qui coule au pied de la Roquebrune. On jurerait le mont Soracte. L'Argens va se jeter dans la mer, là-bas, au milieu de cette bande de sable jaune. Un peu plus loin, sur la côte, vous voyez ces débris de construction. Du temps de la première République, il y avait là une batterie, la batterie de Saint-Aigoux. Distinguez-vous une mouette qui plane sur l'eau, eh bien, à cette même place, un vaisseau de 80 canons, le *Sans-Culotte*, poursuivi par une escadre anglaise, se fit bombarder et couler plutôt que de se rendre. Plus loin, cette série de bois qui plongent dans la mer, c'est la forêt des Maures, où vivait le célèbre sauvage du Var. Les échappés du bagne n'ont qu'un but : arriver aux Maures : ils y sont en sûreté. Cette pointe qui termine ces pics boisés, c'est la pointe des Issambres. A ses pieds, s'ouvre le golfe de Cogolin, avec Saint-Tropez émergeant des flots, et Cogolin et son château. Puis, tout là-bas, c'est le cap Camarat, la saillie extrême de la France dans la Méditerranée. Le phare, près duquel passent de grands vapeurs, se détache sur l'horizon.

Revenant vers la petite baie en laquelle se termine ce grand golfe, ces deux gros îlots de rochers noirs, là sur la gauche, ce sont les lions de mer. En deçà, ces arbres entourent la propriété d'Alphonse K... Enfin, ce petit village qui baigne dans la mer, c'est Saint-Raphaël avec sa petite jetée, avec son poste de douane, son *café Neptune*, ses tartanes à grandes voiles latines se balançant sur leurs ancres, son cours (son *courrsse*, comme on dit) et sa petite plage de sable où les poules picotent entre les jambes des mousses endormis à l'ombre des canots hâlés à terre ! »

Après les gorges ravissantes de l'Estérel et le golfe de La Napoule: Cannes avec ses villas anglaises, ses bois de pins parasol et ses jardins de palmiers.

Puis, le golfe Jouan au milieu d'un bosquet de citronniers et d'orangers.

De grandes pinèdes avant la station d'Antibes. Enfin le pont du Var et Nice !

Nice, la ville du soleil et de la santé ! Nice, aux six mille villas, aux ravissants jardins, aux parterres féériques pleins d'une végétation luxuriante où l'on rencontre tous les végétaux de l'Orient et de l'Occident.

Il faudrait remplir des in-folios pour dépeindre les beautés et les mystères qu'elle renferme, mais nous n'en avons guère le temps. Rappelons-nous que nous sommes en wagon : Nous allons explorer les nouvelles lignes ferrées de Nice à Monaco et Menton, et de Menton à Savone et Gênes.

II. — DE NICE A MONACO ET MENTON
(Frontière d'Italie) (5 stations)

Le colosse au pied de granit qu'on nomme la Corniche, vient comme le Mont-Cenis, d'ouvrir une nouvelle route à la civilisation, à l'industrie, au commerce.

Le trait d'union entre la ligne de la Rivière de Gênes et la nouvelle frontière (le pont Saint-Louis) est formé.

Ainsi, au nord et au sud, les Alpes sont traversées de part en part par une double ligne de chemin de fer.

Empressons-nous d'abord de célébrer la ligne de Nice à Monaco, ce nouveau travail d'Hercule qui a soulevé des montagnes et a entassé Pellion sur Ossa pour nous déposer en moins de quarante minutes au pied de Monaco. Après avoir traversé onze tunnels, soit cinq mille quatre-vingts et quelques mètres de souterrains, à deux cents et quelques mètres au-dessous de la montagne, sur le revers de rochers coupés à pic, à cent cinquante mètres de hauteur et avec des murs de soutènement qui ont une moyenne de vingt-cinq à trente mètres de hauteur.

Voilà le travail gigantesque que le génie humain a exécuté afin de nous faire visiter le pays de Monaco.

En quittant la gare de Nice, après avoir eu à peine le temps de plonger le regard, à droite, dans l'avenue de la Gare, qui aboutit à la place Masséna, on atteint aussitôt :

Le *souterrain de Cimiés* (600 mètres de long). On entre dans des horizons magnifiques formés par des bois d'oliviers et l'on sort par des bosquets d'orangers et de citronniers, près de la villa Redron, à droite, l'un des plus beaux jardins de Nice. Si vous avez le bras assez long, essayez de cueillir au passage quelques camélias ou des touffes de *forget me not*. Ce parterre en foisonne. Il semble qu'il n'y a qu'à se baisser et à prendre. Si la morale du code pénal ou le cri de votre conscience vous le défend, contentez-vous de humer l'air à pleins poumons, vous trouverez là une belle revanche.

Sous cette montagne de *Cimiés*, dix-neuf siècles et demi vous contemplent !

La *Cemelenum* des Romains qui fut bâtie jadis au-dessus de votre tête, a été la Carthage de Nice, mais elle subit à son tour le sort de cette ville, et elle fut détruite de fond en comble par les Lombards.

Après avoir traversé ce premier souterrain, on franchit le Paillon sur :

Le pont de fer, magnifique viaduc en fonte, composé de trois arches de 31 mètres d'ouverture et de 7 mètres d'altitude.

Nice vous apparaît sur votre droite, à travers une double haie de lavandières qui lavent leur linge sale en public, à l'encontre de ceux qui le font en famille. Cette maigre copie des tableaux de Rembrandt disparaît bientôt, le chemin plane sur un immense jardin d'orangers et de citronniers des quartiers de Saint-Roch et de Riquier. Les arbres aux pommes d'or ne tardent pas à disparaître pour faire place aux oliviers qui bordent l'entrée du plus grand tunnel de la ligne :

Le souterrain de Villefranche. Il a quinze cents mètres de long et il transperce de part en part la montagne qui sépare Nice de Villefranche. Il commence sur la vieille route de Villefranche, au pied du *Mont-Alban et du Mont-Boron*. Autres monts historiques, toujours prêts à vous contempler. Tandis que vos yeux restent plongés dans les ténèbres éveillez votre esprit pendant le trajet de ce kilomètre 1/2 d'obscurité, et songez à tout le passé historique qui vous pèse en ce moment sur les épaules.

Ce tunnel *a son entrée* sur la route de Villefranche, non loin de la Villa Latour, où l'on peut lire une inscription latine qui rapelle que la route de la Corniche, œuvre magnifique de Napoléon Ier et d'un ingénieur, qui eut la folie de se brûler la cervelle, fut ouverte en 1806.

C'est donc au pied du *Mont-Alban* que la vapeur s'élance à travers le granit. Le Mont-Alban (330 mètres).

tire son nom du fort en ruines qui le domine. Il fut défendu chaudement en 1744 par les Piémontais contre les troupes Françaises et Espagnoles. Enfin il se livra de bonne grâce à nos troupes en 1792.

Le Mont-Boron (290 mètres), n'est que le continuation du Mont-Alban.

Au moyen-âge, cette historique carcasse de pierres était couverte d'arbres ; les consuls de Nice furent obligés de les abattre en 970, afin qu'ils ne servissent plus de refuge aux Sarrasins, maraudeurs de Saint-Hospice. Depuis ce temps, ces bois auraient eu la chance de pousser sans l'écobuage et la paisson, ces deux fléaux des montagnes boisées. En 1863, l'administration des Eaux et Forêts a fait semer beaucoup de graines provenant d'Afrique et du jardin du château. Sur certaines parties des flancs de la montagne, les caroubiers et les pins d'Alep commencent à former de jolis bouquets de verdure ; on y remarque aussi des *Eucalyptus* d'Australie, des *Grevillea robuste* au feuillage toujours vert, des *Corton sibiferum* ou arbre à suif de la Chine, des savonniers d'Amérique, des pistachiers et grenadiers de l'Atlas, puis des Camérops, c'est-à-dire des palmiers et des dattiers qui placeront plus tard sur la tête de Nice, une belle couronne de reine.

Le Mont-Boron (du moine Boron qui combatit les Maures), resta longtemps au pouvoir des infidèles. L'Anachorète Bobonius parvint à les expulser.

Dans ce tunnel, n'oubliez pas aussi que le plus grand démolisseur de l'époque, M. le baron Haussman, démoli à son tour, a bâti sa villa d'hiver au-dessus de votre tête. Au sortir du tunnel, mettez le nez à la portière, vous apercevrez :

La rade de Villefranche, où les flottes de toutes les puissances viennent tour à tour passer leur quartier d'hiver. L'une des plus belles et des plus sûres de toute la côte ; elle a 2,900 mètres de long, 1,800 mètres de large et 3,467 de superficie.

Le fond de la rade de Villefranche était, il y a peu de temps, tracé au bord d'un sentier fleuri, que cet impitoyable souverain de l'époque, S. M. le Chemin de fer a presqu'entièrement détruit. Couverts d'un printemps éternel, ces bords enchanteurs ont conservé quelque peu de leurs charmes. Du côté de la presqu'île, à droite, remarquez en courant, un superbe palmier qui secoue sa magnifique chevelure d'or au bord de la mer, au sommet d'une grande maison qu'on appelle les Capucins, jadis elle était habitée par des moines de l'ordre de St-Augustin

Aussitôt après, à la bifurcation de deux petites routes, la ligne de fer passe devant une petite chapelle, l'Ange gardien. De là, on s'enfonce jusqu'au cou, dans des sentiers aux buissons d'orangers, de grenadiers, de myrthes, de lentisque, de chèvres-feuilles. Un peu au-dessus, contre les rochers et jusqu'au milieu des précipices et des écueils creusés par les flots en furie, poussent à foison les cactus, les pins d'Alep, les caroubiers au tronc séculaire et tordus par le souffle impétueux de l'irascible Eole. On court ainsi dans cette petite forêt d'Amérique du sud, jusqu'à hauteur du deuxième ponceau du chemin de fer. Après quoi, on cotoie *la baie des fourmis*, puis on entre dans les bois de citronniers.

A la sortie de ce souterrain, on descend à :

La première *Station de Villefranche*, au fond de la

rade, à 18 ou 20 mètres au-dessus du niveau de la mer. Protégée tout le long de la mer par un mur de soutènement qui a 1,500 mètres de long et 20 mètres de haut.

Villefranche (95 mètres au-dessus du niveau de la mer) l'ancienne Olivula, qui, dans toutes les histoires, passe pour avoir été bâtie par les Arabes. Au premier aspect, son amphithéâtre de cases et de maisons rappelle vraiment l'Afrique. Pourtant il est écrit que les Phocéens la fondèrent en 1330 ; ils entourèrent ce *portus Herculi* d'oliviers, puis le village *d'Olivula* dans un petit golfe, à l'est de la rade, à Passable.

Les Sarrasins fixés à St-Tropez (*Sembracia*) depuis 889, ne manquèrent pas de la dévaster ; pendant près d'un demi-siècle, les habitants *d'Olivula* furent obligés de se mettre à l'abri sur le *Monte-Oliva*, au nord de Beaulieu, derrière un *castrum* qu'ils opposèrent à leur *fraxinet*. Ils ne commencèrent à revenir dans leurs anciens pénates qu'à la défaite des Sarrasins.

Trois siècles après sa fondation, *Olivula* n'avait guère pris de développement. Charles II d'Anjou, essaya de l'agrandir en la transportant au nord-ouest de la rade (1295); il lui créa des établissements maritimes, lui donna franchise de tous droits d'entrée et changea son nom en celui de Villafranca.

Le vieux port et le bassin de radoub datent de 1295, la jetée neuve de 1829. Un peu plus loin, se trouvent l'arsenal, l'ancien bagne et le petit môle du Lazaret. On assure qu'elle renferme de belles huîtrières artificielles : faute d'huîtres, on peut se régaler avec le panorama de la rade.

Au troisième souterrain de *Malrive*, qui malgré son court trajet, a nécessité des travaux prodigieux, à cause de son terrain marneux, on rentre dans *Beaulieu*, en laissant à droite St-Jean, le cap Ferrat et le Phare de notre littoral, qui lutte avec une noble ardeur contre celui d'Antibes. Puis on descend à la *Station de Beaulieu.*

Le village de Beaulieu, proprement dit, est un mythe. Une église, quelques villas cachées ça et là comme des nids de fauvette valent cependant mieux qu'une affreuse mairie, un maire plus affreux encore, des fermes, des étables, des écuries, etc. Quelle triste mine feraient aussi des poules, des oies, des canards, des dindes et des porcs au milieu de ces bois de colombes, de rossignols et de fauvettes ?

La baie de Beaulieu s'étend derrière l'église, elle est bornée au sud par la batterie et au nord par les bois et les rochers de la petite Afrique.

Ce nom de petite Afrique n'a pas été volé par ce Beaulieu. Jusqu'au grand rocher de *lou bau Rous*, elle est encaissée dans une série de roches sauvages et de toutes sortes de plantes tropicales. Sa température est naturellement très-élevée en hiver, elle monte parfois jusqu'à 40 degrés.

Le long de cette partie du chemin de fer, on peut voir le plus gros olivier que toute la contrée ait produit. Situé dans la propriété de M. de Quincenet, il mesure 7 mètres 15 centimètres de pourtour, à 1 mètre 50 centimètres du sol.

Monte-Olive ou Olivetta forme la crête de la falaise, elle est ornée d'une chapelle, d'une ruine et d'une croix, en souvenir d'un jeune botaniste anglais qui tomba dans un précipice en 1839.

Après avoir parcouru une distance de 12 à 1500 mètres, en laissant toujours à gauche, un mur de granit, taillé à pic et d'une hauteur de 150 à 160 mètres ; ainsi protégé contre les caprices d'Eole, on entre sans encombre dans le quatrième souterrain :

Le tunnel du cap Rou (600 mètres de long et à 200 mètres au dessous de la montagne), puis apparaît à gauche, au milieu des nuages, le rocher d'Eza.

La Station d'Eza, est des plus pittoresques, elle est située au pied de l'antique village, perchée comme un nid d'aigle à 223 mètres au-dessus du niveau de la mer.

Le village d'Eza (à 12 kilomètres de Nice, 670 habitants) est entouré de quelques maisons et de quelques ruines de fortifications perpendiculaires à la mer. Suivant la tradition, des navigateurs phocéens y abordèrent et y élevèrent un temple à la déesse Isis.

De cette station on s'engouffre dans :

Le tunnel de Cabéel (600 mètres de long), percé dans un terrain rocher argileux ; puis vient *le tunnel des piastres* (70 mètres de long). Heureux tunnel ! Puisse-t-il porter bonheur à ceux qui vont chercher des monacos ! Le trajet ne dure qu'une petite minute. Entre ces divers souterrains, les débordements de la montagne sont contenus çà et là sur votre gauche, par des murs de soutènement qui ont une moyenne de 25 à 30 mètres de hauteur, tandis que sur votre droite, *la mer d'Eze* apparait de temps à autre, au milieu des déchirures de rochers et des bosquets de pins, d'oliviers, d'orangers, d'agaves, de cactus ; de figuiers, de citronniers, de lentisques, de caroubiers, de chênes-verts, etc., qui mêlent ensemble leurs fleurs, leurs fruits et leurs parfums.

Après quoi, on commence à contourner la *Tête de Chien*, qui domine Monaco et on longe une muraille de granit, taillée à une hauteur de 150 à 160 mètres, puis vient :

Le tunnel de St-Laurent (700 mètres) percé en plein calcaire.

Au sortir de ce tunnel, on s'enfonce dans un bois touffu de citronniers, on traverse encore un autre tunnel, celui de :

Malat (400 mètres de long). A 500 mètres de là, celui de:

Rognoux (250 mètres), qui débouche dans une magnique pinède. On rentre immédiatement dans le tunnel de :

La Batterie (180 mètres), percé dans un terrain très-argileux, puis l'on retrouve les bois d'oliviers après un trajet de 400 mètres. On gagne le dernier tunnel ! Ouf ! ! enfin ! ! !

Le tunnel de la Douane (400 mètres)! Dieu soit loué ! Allah est son prophète, s'écrieraient les enfants de Mahomet. Mais baste ! on est largement indemnisé par les splendides changements à vue que la nature opère à chaque coup de piston et surtout par le tableau final qui vous est réservé, à Monaco.

La petite ville de Monaco, qui constitue à elle seule une principauté, ne compte que 1,500 habitants ; elle est bâtie sur un rocher qui lui sert de socle. Le palais des Princes et ses beaux jardins méritent d'être visités. En 1523, ce palais fut témoin d'un drame de famille terrible et sanglant : Lucien Grimaldi, assassin de son propre frère, fut asssassiné à son tour par Bartholomée Doria, son neveu, qui fit traîner, sur le grand escalier du palais, son cadavre, percé de trente-deux blessures. Le 21 décembre 1617, à la suite d'une révolte fomentée, dit-on, par le duc de Guise, Hercule Grimaldi fut précipité du haut des murailles dans la mer.

Au fond du port s'élève un magnifique établissement de bains de mer avec une plage de sable qui mesure 300 mètres de longueur. Le Casino est situé sur le **Monte-Carlo**. à un kilomètre de la gare de Monaco. Son cercle offre aux étrangers toutes les distractions des eaux de la belle Helvétie et de la *pauvre* Allemagne.

La gare du Casino ou de *Monte-Carlo*, (cinq minutes de celle de Monaco) est un vrai décor d'opéra.

Cette nouvelle gare a donné lieu à de grands travaux d'embellissement sur le versant oriental de la vallée des Spélugues. De grands jardins plantés de massifs de palmiers, de pins, de chênes-verts, de poivriers et de toute sorte de plantes exotiques, etc., s'étendent depuis le Café de Paris jusqu'à la Gare. Ça et là, ils sont ornés de cascades et de bassins qui répandent partout la vie et la fraîcheur.

Sur l'immense terrasse, derrière le Casino, on embrasse d'un rapide coup d'œil, les côtes de la Ligurie, jusqu'au-delà de San-Remo. Cette terrasse communique à la pointe du cap par un petit pont *des Soupirs*, jeté au-dessus du chemin de fer ; de là, on descend au *Tir aux pigeons*, qui *n'a pas son pareil* en Europe.

III. — DE MONACO A MENTON (2 stations)

Après le *Pont Neuf,* qui unit Monte-Carlo à la *Vallée des Spélugues,* le plus beau jardin de citronniers des environs de Monaco, on traverse rapidement les états du Prince de Monaco finissant à la deuxième tranchée, celle des *Vigiles* et l'on atteint la :

Station de Roquebrune. — Au pied du village, à 400 mètres au dessus du niveau de la mer, perché comme un nid d'aigle au dessus de la station (2,800 habitants), vieilles fortifications, ruines Romaines.

A un kilomètre de Roquebrune, on traverse le *tunnel du Cap Martin,* d'une longueur de 570 mètres, et le joli vallon de la *Madone* où l'on distingue l'ancien *Palais d'été des Princes de Monaco,* appartenant à l'Hôtel Pavillon, propriété de M. Gilot.

Après avoir laissé derrière soi les bois de cèdres et de palmiers, on arrive entre les deux torrents de Carreï et de Borigho à la :

Station de Menton. — Autre décor d'opéra. Au-dessus de la station planent les pics neigeux *des Cols de l'Hermitage* et de *l'Annunziata.* A ses pieds, des plans immenses de citronniers mélangés d'orangers et de quelques palmiers ; un peu plus loin, la plage où l'on arrive, en suivant le torrent Carrei, par une belle allée de platanes sur la grande route de Menton, toute bordée de confortables hôtels et de splendides villas.

Menton (6,000 habitants), l'une des stations d'hiver les plus pittoresques et les plus salubres. Très fréquentée par les touristes sérieux, ennemis du plaisir et du bruit, amoureux de la solitude et encore plus du travail.

Partagée en deux parties distinctes : par la place du Cap (quartier Victoria et le quartier Garavan.)

Le quartier Garavan conduit droit à la frontière, toujours au milieu des bois de citronniers.

Mais avant la frontière, remarquez de votre wagon le tunnel du Château ou du Cimetière qui perce la ville de part en part (220 mètres). A la sortie du souterrain, on semble courir sur les toits ou les terrasses des magnifiques hôtels qui couvrent la plage jusqu'au *Pont St-Louis*, frontière de la France et de l'Italie.

Ce joli Pont du Diable ou de Saint-Louis (80 mètres de hauteur), un peu en dessus de celui du chemin de fer, est jeté sur un précipice au fond duquel on ne peut regarder sans frémir ; on dirait qu'il est plein de farfadets et de diabolins rouges. Ce sont des poissons aux mille couleurs barbottant dans la cascade du précipice.

Nous ne pouvons quitter ces sites enchanteurs sans parler de l'homme fossile de Menton qui a été transporté à Paris. Après avoir traversé le pont St-Louis, on trouve à gauche des grottes taillées ou creusées dans une formidable muraille de roches rouges. C'est là que M. le docteur Rivière a découvert, il y a peu de temps, un squelette d'homme fossile enfoui dans ces cavernes. Nous pouvons donner sur le troglodyte de Menton des renseignements positifs qui intéresseront nos lecteurs. Le squelette est celui d'un homme, il est couché sur le côté gauche, la tête est inclinée légèrement sur la poitrine, et la mâchoire inférieure se repose sur la main gauche ; on dirait que la mort est venue surprendre cet homme durant son sommeil, le crâne est ovale, allongé dans le sens antérieur, c'est-à-dire, qu'il approche du type dit dolichocéphale.

Les pommettes des joues sont saillantes, les cavités des orbites remarquables par leur longueur et leur forme quadrangulaire. Un des os du coude a été fracturé pendant la vie, et un cal montre que la fracture s'est consolidée.

La colonne vertébrale est intacte dans sa région cervicale. Le bassin est étroit. L'os de la cuisse est étroit, épais. La crête qui donne ensersion aux muscles énorme.

Notre troglodyte devait être d'une force musculaire peu commune et devait mesurer 1 mètre 80 à 1 mètre 50 de hauteur.

Sur toute la surface du crâne, M. Rivière a trouvé, adhérentes aux os, de coquilles méditeranéennes (la clyconassa), perforées, qui ont dû être réunies entre elles et constituant une sorte de coiffure en résille, un amas de ces mêmes coquille existait à la partie inférieure de la jambe qui devait être ornée d'une sorte de bracelet.

Des ossements d'ours, des carcasses de la grande hyène, de quelques félins, ont été également recueillis auprès du squelette.

Tous ces débris étaient enfouis à une profondeur de 6 mètres 55 centimètres. C'est dans le terrain quaterne qu'ont été trouvés ces précieux restes ; paléontologiquement, ils appartiennent à cette époque de transition qui sépare l'âge du mamouth de l'âge du renne qui, du reste, n'a pas encore été rencontré dans les terrains de Nice, dont le climat paraît avoir été, dès cette époque, aussi clément qu'aujourd'hui. L'homme de Menton est donc contemporain des hommes de Cromagnon, race puissante, guerrière, de mœurs violentes, comme le témoigne le terrible coup de hache qui a ouvert le crâne de la femme trouvée à Cromagnon.

Il est contemporain aussi des hommes d'Aurignac et de la Chaise, races à instincts artistiques, et peut-être de ceux que M. Piette vient de découvrir en Bourgogne, et dont il a montré les dessins si intéressants gravés sur des os et représentant les rhinocéros à deux cornes. Suivant M. Runes Bey, ces peuplades viendraient du Nord, et seraient d'origine esthonnienne. Pour un jeune anthropologiste français, M. Hamy, qui a déjà fait ses preuves, ils viendraient au contraire du Sud, et seraient des Guanches. La discussion est engagée.

Laissons nos savants se livrer à leurs précieuses recherches et revenons à notre chemin de fer de la Ligurie.

IV. — DE MENTON ou de la Frontière d'Italie à SAVONE et à GÊNES (35 stations)

Deux conteurs charmants, deux écrivains consciencieux, Elisée Reclus et du Pays ont écrit, dans la collection des *Guides Joanne*, des pages délicieuses sur la route de la Corniche. Nous ne manquerons pas de les citer au passage, car à quelques caps près, la ligne du chemin de fer suit la route de terre que nous conseillons toujours de visiter, aux poètes et aux amoureux.

La nouvelle ligne du chemin de fer de la frontière française à Gênes compte 157 kilomètres. Elle passe à travers 79 tunnels et sur 70 ponts à grande ouverture. Le rayon minimum des courbes est de 400 mètres, et les pentes les plus fortes sont de 6 millimètres par mètre.

En somme, les dépenses des deux lignes de la frontière de France à Gênes et la Spézia ont coûté 120 millions de francs.

A peine sorti de Menton, le chemin de fer saute en deux enjambées par dessus deux petites vallées très profondes ; on commence à quitter les bois de citronniers pour courir le long des champs d'oliviers et l'on atteint la :

Station de Vintimiglia. — *Albium intemelium.* Gare internationale; 6,000 habitants. (Hôtels : Croix de Malte). A l'embouchure de la Roya, dans une très agréable situation. Ville fortifiée, importante au point de vue militaire. Cathédrale gothique. La route la traverse et offre une pente tellement roide, qu'on est obligé, quand on vient de Gênes, de monter cette rampe à pied.

Fort dominant la ville, au nord ; ruines romaines, au sud ; siège d'évêché.

Le chemin de fer traverse la Roya sur un magnifique viaduc qui conduit de la ville au bourg de San Agostino.

Un peu plus loin, autre viaduc. A gauche s'ouvre la petite vallée de la Crosa, à l'extrémité de laquelle on aperçoit au sommet d'une colline le bourg de Perceraldo, patrie de l'astronome Cassini.

Station de Bordighera (1,500 habitants.) — En amphithéâtre sur la pente d'une colline couverte de bois de palmiers et de dattiers. Les bois et jardins de Bordighera donnent à la ville un aspect oriental. Il est rare de trouver en Europe un site plus poétique.

Le chemin de fer longe le Cap de San Ampeglio et traverse un beau tunnel pour rejoindre la :

Station de Ospedaletti. — Auprès de la colline Monte-Nero, dont un ravin contient une fontaine sulfureuse et une délicieuse oasis de palmiers et de citronniers Ospedaletti est ainsi nommé parce qu'il possédait un hospice de lépreux.

Le chemin de fer s'engouffre ensuite dans le tunnel du Cap Nero, pour arriver à San Remo.

Station de San Remo, (12,000 habitants.) — (Hôtels Victoria, d'Angleterre et de Londres.) Joli port ; les marins ont la réputation d'être les meilleurs du littoral.

Situé sur le penchant d'une colline dont les versants sont couverts de vignes, d'oliviers et d'arbres à fruits. San Remo est le point culminant de la végétation tropicale sur la Rivière. Les célèbres palmiers de l'hermitage de St-Romulus, qui couronnent ses hauteurs, ainsi que les collines de Bordighera, fournissent les palmes dont on orne les églises à Rome, le jour des Rameaux. — Eglise gothique curieuse.

Le climat de San Remo, dit Elisée Reclus, est l'un des plus doux de la cité ligurienne. La hauteur moyenne du thermomètre est, en hiver, de 12 à 15 degrés centigrades. Le plus bel édifice de la ville est le *Palais Borea.*

Au sortir de San Remo, le chemin de fer perce les flancs du *Cap Verde*, qui sont couverts de jardins, de bosquets d'oliviers et de bois de pins.

Après avoir traversé le torrent de l'Arma, la ligne

passe au pied d'une petite forteresse carrée du XVI° siècle, qui domine la :

Station de Taggia. — Ce bourg bâti au pied de la citadelle est habité par des familles de pêcheurs et de marins qui exportent dans les villes du littoral les denrées des nombreux et populeux villages situés sur les hauteurs environnantes. Une de ces collines qui se dresse à l'ouest de la rapide Argentina ou Taggia, est couronnée par les murailles d'une ville qui fut le siége d'une justure au temps des Romains.

Taggia est un point stratégique très important et très célèbre dans l'histoire des guerres d'Italie, à cause des nombreux passages qui s'ouvrent au nord de la vallée à travers la crète des Apennins.

Après la bataille de Pavie, François I" s'embarqua pour l'Espagne sur le rivage de Taggia.

Au nord-est de Taggia (40 minutes), se trouve le célèbre oratoire de la Madone de Lampedusa. Patrie de Giovanni Ruffini, auteur du *dottore Antonio* et celle du sculpteur Revelli.

Station de Rivaligure. — Au delà du large torrent de l'*Argentina*, il déborde souvent en hiver et au printemps et dévaste les campagnes de la vallée. Le village est situé aux pieds des coteaux qui produisent l'excellent vin de Moscatello. Vieux fortin du XVI° siècle.

Après avoir franchi le torrent de la Carmagna, on arrive à la :

Station de San Lorenzo. — Ce village est aussi entouré de vieux fortins. En 1561, 1562 et 1564 il fut fort mal traité par les corsaires turcs, quelque temps après la mort de Doria.

Station de Porto Maurizio (8,000 habitants.) — Hôtel de Commerce. Petite ville dont le port est un des plus importants de la rivière de Gênes; on y exporte des pâtes, de l'huile d'olive et des pierres lithographiques des environs. Cette ville est dominée par un vieux château-fort, inféodé jadis de la République de Gênes.

Au nord-est se dresse la belle montagne Della-Torre, à la forme pyramidale. (Alt. 782 pieds.)

A un kilomètre de Port-Maurice :

Station d'Oneglia (5,000 habitants.) — Hôtel de Turin. Petite ville coquette, avec un petit port très-sûr, situé dans un canton qui produit la meilleure huile d'olive de toute cette partie du golfe de Gênes; elle fut bombardée en 1792 par les Français.

A une petite distance d'Oneille se trouve le fleuve Impero qui traverse un beau pont décoré d'arcs de triomphe en marbre blanc.

Patrie de Doria et du patriote Vieusseux.

Station de Diano-Marina. — A l'est d'Oneglia, dominé par les hauteurs du Cap de Berta ou de Diano, formant deux baies gracieuses que limite à l'orient le promontoire aigu *delle Melle*, célèbre par son vin généreux et ses huiles.

Station de Cervo. — Pittoresquement située sur un promontoire.

Station de Pigna-Andora (3,400 habitants. — Village ou vieux nom ligure, situé dans une plaine marécageuse; vieux castel au delà; le chemin de fer arrive au cap *della Melle*, c'est le point le plus rapproché de la Corse. Un sémaphore et un phare situé à 95 mètres d'altitude et visible jusqu'à 37 kilomètres, le signalent de loin aux navigateurs. Vue admirable sur l'île de Gallinaca et le promontoire de Noli.

Station de Laiguegla (2,800 habitants.) — Ce village est habité par des marins qui jouissent d'une grande réputation d'intelligence et d'audace sur tout le littoral ligurien. Dans toutes les villes de l'Italie et de l'Amérique, à Gênes, à Buenos-Ayres, à Montevideo, on trouve un grand nombre de marins et de négociants originaires de ce pays ; fut bombardé par les Anglais.

Station d'Alassio, (6.250 habitants.) — Hôtels : Italie, auberge Réale. Bon petit port avec un chantier de construction, faisant un commerce assez actif. Non loin on aperçoit très distinctement l'île de Gallinaca dont nous venons de parler. Elle sert aujourd'hui d'asile aux pêcheurs; les Romains l'appelèrent ainsi du grand nombre de poules sauvages qu'ils y trouvèrent. Vieilles murailles et fortins en ruines. La baie d'Alassio est très poissonneuse.

Station d'Albenga (4,000 habitants.) — Hôtels : La Poste, Auberge d'Italie. Petite ville, dont quelques monuments, entre autre le Ponte-Lungo, attestent l'antiquité. Elle est située au fond d'un golfe qui forme un petit port assez commode, mais c'est un point de la côte insalubre. Sa cathédrale gothique est curieuse.

Station de Ceriale—Dont la moitié des habitants furent. il y a environ deux siècles, enlevés par les Turcs et conduits en esclavage (1636.)

Non loin de cette station, près du village de Tangretto, le chemin de fer passe dans un tunnel au dessous de la route qui est elle-même percée dans une montagne de marbres rougeâtres, par une galerie de 120 mètres.

Station de Loano (3,500 habitants.)—Le 23 novembre 1795, Scherer et Masséna y gagnèrent sur les Autrichiens-Sardes une victoire qui prépara les succès de Bonaparte en 1796.

Petit chantier de construction pour les navires.

Station de Pietra-Ligure.—Petit port pour le cabotage. Dans ces dernières parties la route royale a été rectifiée, et construite sur le littoral pour éviter les longs zig-zags de la montée. Un tunnel a été percé il y a quelques années.

Station de Finale-Marina (5,000 habitants.) — Hôtel de Londres. Est une ville bien bâtie, mais son port peu profond, est ouvert et peu sûr. Elle se divise en Finale-Borgo, Finale-Marina et une sorte de faubourg Finale-Pia.

L'église collégiale de St-Jean-Baptiste a été érigée sur les plans de Bernini. Les ruines du Château Gavone, la galerie de tableaux Raimondi, méritent aussi d'être visitées

La ville est commandée par une citadelle et trois forts.

Finale s'était jadis érigée en marquisat; elle fut vendue aux Génois par Charles VI.

Station de Noli (2,330 habitants.) — Assez bien bâtie et défendue par un château. Le peuple n'ayant pas de terres à cultiver, tire de la pêche presque toute sa subsistance. Des roches élevées, de marbre, bordent la route. Ville autrefois plus peuplée et gouvernée en république.

Station de Spotorno.—Ce village possède des carrières

à chaux. Ancienne abbaye des moines de Lerins. Après avoir passé le cap dominé par le fort San-Stefano, on voit se déployer toute la baie de Savone et celle de la :

Station de Vado (2,000 habitants.) — Village avec une rade pouvant abriter des vaisseaux et défendue par quelques fortifications. Dans le voisinage grottes remplies de belles stalactites.

Station de Savone (18,959 habitants.) — Hôtels : Auberge Réal, Établissement de Bains, l'Univers, la Pension Suisse, la Poste.

Cette ville fort ancienne, d'une assez grande étendue, possède un port qui jadis eût une certaine importance commerciale. La République de Gênes le fit combler à la suite d'une guerre contre Savone, qui ne s'est jamais rélevée de ce malheur.

La Cathédrale, édifice de 1604, est ornée de quelques bonnes peintures et de sculptures en bois remarquables. L'église de Saint-Dominique possède une belle *Adoration des Mages*, par Albet Dürer, elle fut portée à Paris; une *Nativité*, d'Antoine Semini et un *Saint-Dominique*, du Piola. Sur une statue colossale de la Vierge, placée à une tour du port on lit le dystique, tout à la fois latin et italien :

In mare irato in subita procella
Invocate nostra bénigna stella.

Un théâtre d'une assez belle ordonnance a été inauguré sous le nom du poète Chiabrera. On lit ces mots : à Gabriello Chiabrera, la Patrie, 1853. — Fabrique de faïences, de porcelaines et de potasse, vins, huiles, oranges, etc. A une lieue de la ville, l'église de la Madone de la Miséricorde contient une *Présentation de la Vierge* par le *Dominicain* et un beau bas relief de Bernin. Dans une chapelle du village, bonne peinture de l'école de *Giotta*.

Station d'Albissola, (2,680 habitants.) — On y voit le palais de la famille della *Rovere* et *Abezzola Marena*, village de potiers où naquirent Jules II et Sixte IV. Célèbre par ses faïences blanches et noires.

Station de Celle. Bourg. — Possède dans l'église de St-Michel une peinture de *l'Archange*, par *Perrino del Vaga*. Ce tableau a été offert en ex-voto, par le peintre, à la suite d'une violente tempête à laquelle il avait échappé.

Station de Varazze (1,560 habitants.)—Bourg important, où plus de 500 ouvriers sont occupés à la construction des navires et à la fabrication de tous les objets nécessaires à la marine.

Station de Cogoleto (3,000 habitants.) — On y montre la maison où suivant une tradition très-incertaine, serait né Christophe Colomb.

Station d'Arenzano.— Après avoir traversé le torrent de Lerône on descend à la station d'Arenzano, rempli de manufactures et de villas. Puis on contourne un autre cap dont le chemin de fer perce toutes les pointes rocheuses par une série de tunnels et on arrive à la :

Station de Voltri (11,228 habitants), possède des églises richement ornées, des maisons de campagne élégantes, des papeteries et des manufactures de drap assez estimées. Voltri est une ville de manufactures, outre ses chantiers de construction, elle possède plus de 200 établissements industriels, emploie plus de 3,000 ouvriers. Fabriques d'étoffes, de tissus, de coton et le meilleur papier de toute l'Italie. Patrie d'Antonio Noli, qui découvrit les îles du cap Vert.

Station de Pra. — A partir de Voltri, on retrouve partout, au bord de la mer, des châteaux, des villas, des palais, aux jardins d'orangers et de citronniers. Chaque station est une oasis.

Station de Pegli (4,144 habitants), on y visite les villas Pallavicini, Grimaldi, ayant un jardin botanique ; Doria.

Station de Sestri-Ponente (6,000 habitants), bourg enrichi par des manufactures. Eglise de l'Assomption ; peintures du Sarzana et de Carbone, villas Spinola et Lomellina.

Station de Cornigliano (3,499 habitants), fabriques. Villa Duràzzo, palazzo Serra, sur la colline pittoresque de la Coronatta. L'église St-Michel possède une *Sainte Famille* de Périno del Vaga. Cornigliano ne forme pour ainsi dire qu'un seul et même faubourg avec St-Pierre d'Arena.

Station de Sanpier d'Arena (20,000 habitants), faubourg manufacturier qui précède Gênes. Dans la principale église, *Fuite en Egypte*, de *Cambiaso*, fresques de Sarzana. Palais Spinola, fresques de Carlone, Sauli, etc.

Au-delà de St-Pierre d'Arena, on traverse le tunnel de la Lanterne, et l'on arrive dans Gênes, au débarcadère situé près de la place de l'Acqua-Verde.

Grande gare de Gênes. — Gênes (lat. Genova; ital. Genova) latitude 44° 23, long 26° 38; 160,000 habitants.

Hôtels de premier ordre : Feder, de la Ville, de la Croix de Malte, d'Italie, des Quatre Nations, de France, Victoria, Hôtel National, Hôtel Royal, Rebecchino, Grand Hôtel de la Lega Italiana.

Eglises à visiter : San Lorenzo, San Ambrogio, l'Annunziata, San Stefano, Santa Maria de Carignano.

Palais publics : Palazzo ducale, Palais d'André Doria, Palazzo reale.

Palais particuliers : Palais Brignole sale, Adorno, Balbi, Pallavicini, Durazzo, Serra, Spinola (3 de ce nom), Pallavicino, Lerearo imperiale, Carlo di Negro, Negroni Carrega et Negroto.

Maintenant que la ligne de la Ligurie relie directement Gènes à Marseille, en dépit des *routiniers* qui veulent scinder la France de l'Italie, on peut facilement énumérer les avantages qu'elle opporte chaque jour à l'industrie, au commerce dss deux plus grands ports de la Méditerranée.

CHEMINS DE FER

Marseille à Toulon : Départ, Omnibus, 6 41 m. Direct, 7 50 m. Omnibus, 12 10 s. Direct, 1 15 s. Omnibus, 4 10 s. Omnibus, 7 20. — Arrivée, O. 9 10 m. D. 9 36 m. O. 2 20 s. D. 2 48 s. O. 6 18 s. O. 9 30 s.

Toulon à Marseille : Départ, O. 5 40 m. D. 8 39 m. O. 12 04 s. O. 4 12 s. O. 7 20 s. D. 7 10 s. — Arrivée, O. 7 59 m. D. 10 10 m. O. 2 22 s. O. 6 18. O. 9 44 s. D. 8 54 s.

Marseille à Vintimille : Départ, O. 6 41 m. D. 7 50 m. Omn. 1 15 s. Ce train s'arrête à Menton ; O. 4 10 s. — Arrivée, O. 6 16 s. D. 4 10 s. O. 9 31 s. O. 1 12 m.

Vintimille à Marseille : Départ, O. 8 13 m. O. 10 37 s. Dir. 12 15 s. — Arrivée, O. 6 18 s. O. 9 44 s. D. 8 54 s.

Compagnie Marseillaise de Navigation à Vapeur
MARC FRAISSINET père & fils

Transport des Dépêches. — Départs réguliers

Constantinople, tous les Jeudis à midi, touchant à Naples, Pirée, Volo, Salonique, Dardanelles, Gallipoli, Rodosto, Odessa, Kustendje, Samsoum, Kerassunde et Trebizonde ou transbordement. — **Egypte,** 1er et 15, à 9 h. m. touchant à Malte Alexandrie et Port-Saïd. — **Italie,** tous les mercredis et tous les Dimanches, à 8 heures du matin, touchant à Gênes, Livourne, Civita-Vecchia et Naples. — **Italie,** tous les Jeudis, à midi, pour Naples, trajet direct. — **Cannes, Nice et Gênes,** tous les lundis, à 8 h. du soir. — **Nice, Gênes et Livourne,** tous les jeudis, à 8 h. du soir. — **Agde,** tous les mercredis et samedis à 8 h. soir. — **Cette,** tous les jours, à 8 heures du soir.

S'adresser, pour fret et passage, à MM. Marc FRAISSINET père et fils, place de la Bourse, 6, et à Paris, à M. E. BUCHWALDER, rue de Trévise, 3.

Feutres Ininflammables
A TOITURE

BROCHIER & Ce, 17, rue Haxo, à Marseille

Les feutres à toitures de **D. Anderson** et **Son's** de **Belfast,** qui ont été les seuls employés comme couvertures des bâtiments de l'Exposition universelle de Paris et de l'Exposition de Lyon, sont toujours en vente aux mêmes conditions, chez MM. BROCHIER et Ce, **17, rue Haxo, à Marseille,** uniques dépositaires pour le Midi de l'Europe.

Feutres à chaudières, etc., etc.

Machines, outils, acier fondu anglais, acier d'Allemagne, limes supérieures; métaux, robinetterie, tubes en fer et en cuivre, crics, palans, verins, caoutchouc, machines agricoles etc., etc.

Toutes fournitures pour ateliers de constructions, mécaniques, usines, bateaux à vapeur, entreprises et armements.

BROCHIER & Ce, 17, rue Haxo, à Marseille

Pour paraître prochainement : **Guide Pittoresque Illustré de Nice à Gênes,** voyage en chemin de fer et par la route de la Corniche ; Excursions, Renseignements, Carte horaire et tarifs.

Nous recommandons à nos lecteurs le procédé suivant, dont l'usage est indispensable à toutes les classes de la Société.

L'usage qui en a été ordonné par S. Exc. M. le Ministre de la guerre, à la suite d'expériences faites par le Génie Militaire, pendant plusieurs années, dans les casernes, les hôpitaux, les prisons. etc.; la médaille d'argent décernée par la Société de Statistique de Marseille à M. ALBENOIS, dépositaire propagateur pour diverses applications gratuites qu'il en a faites dans les casernes, les hôpitaux, les prisons, etc.; sont autant de titres a notre recommandation.

C'est l'INSECTIDE BOUVAREL dont l'emploi est aussi facile qu'inoffensif et le prix à la portée de toutes les bourses.

L'INSECTICIDE BOUVAREL

Le seul adopté et médaillé de la Société de Statistique de Marseille, des Expositions Nationales et Universelles de Londres, par le Génie militaire, etc., pour la destruction des punaises, puces, cafards, mouches, artes, cousins, fourmis, chenilles, etc. — S'adresser à MARSEILLE, **chez M. Albenois, rue Pavé–d'Amour, 10, près la Bourse,** Fournisseur de l'armée, de la marine, des hopitaux, des prisons, des lycées, etc., entreprend à forfait la destruction de tous les insectes dans tous les établissements et dans les navires. Payement après réussite.

Entonnoirs pneumatiques, garantissant de toute perte de liquide. Système breveté et médaillé. — **Appareils** pour le soufrage de la vigne — **Séchoirs de figues** donnant 50 0/0 sur les systèmes connus. — **Vente en gros et en détail.** — **Exportation.**

ÉVITER LES CONTREFAÇONS.

LIBRAIRIE BELLUE
1, Rue Thiars, 1
MARSEILLE

Librairie spéciale pour toutes les pièces jouées sur les théâtres de Paris. — Nouveautés. — Publications illustrées. — Ouvrages par livraison. Collections complètes des volumes Lévy, Hachette, Dentu et toutes les maisons de Paris.

EUG. COYNE
Agent de LOUIT frères

MARSEILLE

Succursale spéciale et Dépôt de tous les produits de la maison

RUE DE ROME, 65

MARSEILLE
HOTEL ET RESTAURANT BELLEVUE
17, Rue Beauvau, 17, ARNAUD

Hôtel, un des mieux situés, au centre même de la ville, tout près du Grand-Théâtre, de la Bourse, de la Poste, etc.

Déjeûners et dîners à la carte, à 1 90 c. : 3 plats au choix, 2 desserts, 1|2 bouteille de vin.

Déjeûners et Diners à 2 40 : potage, 4 plats au choix, 3 desserts, 1|2 bouteille de vin.

Service dans les appartements. — Salon pour famille. Chambres proprement tenues à 1 50 et à 5 fr.

On prend des abonnés au mois et au cachet.

MARSIGLIA. — BELLEVUE HOTEL
17, Beauvau street

The best situated, in middle of the town and near great theatre, Exchange, Post office, etc.

Breakfinst and dinners 1 90, and 2 40. — Service an apartments. — drawing-room for fannly. Confortable rooms at 1 50 et 5 fr.

SPÉCIALITÉS DE CHAMPORAUX

Consommation nouvelle et hygiénique à 10 centimes. Café tenu par Thomas, 13, rue Albertas.

Le champoraux d'Afrique, dont on fait une grande consommation à Marseille, vient d'être amélioré à l'aide de substances hygiéniques et digestives, par M. Thomas, liquoriste, 13, rue d'Albertas. Se porte en ville pour le dehors par litre et 1/2 litre.

BAINS DE MER DE MONACO

Grand Hôtel des Bains attenant à l'Etablissement, parfaitement aménagé, avec table d'hôte et restaurant à des prix modérés.

Grand Hôtel de Paris, à Monte-Carlo, un des plus somptueux et des plus confortables du littoral méditerranéen.

SAXON VALAIS (Suisse). **Grand Hôtel des Bains et Casino** ouverts toute l'année. — Eau bromo-iodurée très renommée. — Douches et bains de tous genres. — Salle d'inhalation. — **Mêmes distractions qu'à Hombourg et Bade.**

NICE Madame CASELLA, professeur de chant et de piano, 3, rue Saint-Jean-Baptiste, 3.

MARSEILLE HOTELS DE 1er ORDRE recommandés : **Grand Hôtel de Marseille,** rue de Noailles ; **Grand Hôtel de Noailles,** rue de Noailles ; **Grand Hôtel du Louvre et de la Paix,** rue de Noailles ; **Hôtel du Petit Louvre,** rue Cannebière ; **Hôtel du Luxembourg** PARROCEL, rue Saint-Ferréol, 25 ; **Grand Hôtel Beauvau,** rue Cannebière et rue Beauvau ; **Hôtel de l'Univers et de Castille,** rue du Jeune Anacharsis ; **Hôtel des Colonies,** rue Vacon.

ON NE CIRE PLUS LES APPARTEMENTS

Le **VERNIS VÉGÉTAL** s'emploie sans le secours de la brosse. Une bouteille de 2 francs suffit pour un appartement. — Dépôt chez Henri GUIZOL, droguiste,

12, rue d'Aubagne, 12, MARSEILLE

SPÉCIALITÉS DE LA PHARMACIE
FRÈZE, médecin
RUE DE ROME, 25, MARSEILLE

**HABILLEMENTS SUR MESURE & A FAÇON
& SPÉCIALITÉS POUR ENFANTS**

PELLEGRINI, tailleur, rue de la Loubière, 10, au rez-de-chaussée, MARSEILLE.

NOUVEAUTÉS

Immenses Magasins
DE LA
VILLE DE PARIS

Rue Saint-Ferréol, 74, Rue Grignan, 17
et Rue Montgrand, 18

MAISON VENDANT MEILLEUR MARCHÉ
DE TOUT MARSEILLE

RÉORGANISATION NOUVELLE

Cette Maison, sans rivale à MARSEILLE, est digne d'occuper la première place parmi les grandes exploitations commerciales de France. Tous ses achats faits au comptant et en fabrique directement lui permettent de vendre toujours au-dessous des autres maisons et d'offrir à sa nombreuse clientèle des assortiments considérables dans tous les articles.

Imp. du Journal de Marseille (ex-J. Barile), rue Sainte, 6.

www.ingramcontent.com/pod-product-compliance
Lightning Source LLC
Chambersburg PA
CBHW060600050426
42451CB00011B/2004